생각이 머문 곳에
마음꽃 피고

창조문예
시 선
019

김순규 시집

생각이 머문 곳에 마음꽃 피고

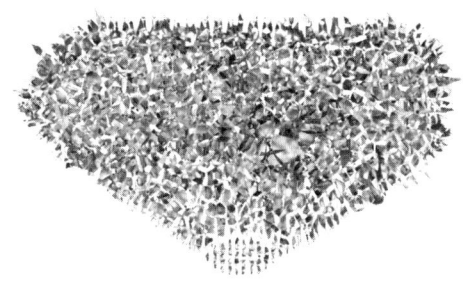

창조문예사

시인의 말

생각의 불씨

꽃으로 발화하거나

사랑 하나

품을 수 있다면

2025년 11월
樹和 김순규

차례

시인의 말　　　　　　　　　　　　5

1부_ 신비한 세상

나무 잎새 하나　　　　　　　　　13
신비한 세상　　　　　　　　　　14
안개꽃 사랑　　　　　　　　　　16
그대에게 이르는 길　　　　　　　17
소망　　　　　　　　　　　　　18
사랑　　　　　　　　　　　　　19
사랑아　　　　　　　　　　　　20
수채화 편지　　　　　　　　　　22
가슴에 어리는 사랑　　　　　　　23
가을 연가　　　　　　　　　　　24
갈대와 하늘　　　　　　　　　　25
가을 수첩　　　　　　　　　　　26
길 나서는 씨앗들아　　　　　　　27
지는 꽃은 울지 않는다　　　　　　28
가을 강이 다다르는 곳　　　　　　29
천년의 미소　　　　　　　　　　30

2부_ 생명 품는 하늘 보자기

민들레 꽃대궁	33
어느 봄날	34
꽃은 샘내지 않는다	35
생명 싸개	36
신호	37
소백산 철쭉	38
발왕산 주목 수묵화	39
꽃처럼 그렇게	40
자목련	41
사랑 하나 저만치	42
화관	43
둔내령 산리홍山裡紅	44
불꽃처럼	45
짧게 머물다 떠난 꽃들에게	46
마침표	47
어린 나귀의 어떤 하루	48

3부_ 어제보다 오늘 더

소반	53
환선굴 종유석	54
바람의 혼	55
기러기 가르침	56
공간 역학	57
계국지	58
반가사유상	59
지우개	60
법칙	61
마지막 비상	62
소실점	63
진실은 변명하지 않는다	64
어제보다 오늘 더	65

4부_ 나무는 늙을수록 아름답다

꿈에 본 장독대	69
물수제비	70
당신의 품	71
나무는 늙을수록 아름답다	72
새는 날면서 하늘에게	73
꽃들은 거울을 보지 않는다	74
맥문동꽃	75
꿈꾸는 나무	76
시절의 소리	77
어느 카페 앞 화살나무 한 그루	78
칠포리 해변	79
한탄강	80
소양강댐을 담다	81
누아주(nouage)	82
물방울	83

해설 | 소외자에 대한 관심이 유다른 시편들   **84**
임영천(문학평론가·조선대학교 명예교수)

1부
신비한 세상

나무 잎새 하나 • 신비한 세상 • 안개꽃 사랑
그대에게 이르는 길 • 소망 • 사랑 • 사랑아
수채화 편지 • 가슴에 어리는 사랑
가을 연가 • 갈대와 하늘 • 가을 수첩
길 나서는 씨앗들아 • 지는 꽃은 울지 않는다
가을 강이 다다르는 곳 • 천년의 미소

나무 잎새 하나

가지 끝 잎사귀 한 장
찬바람에 펄럭이고 있다
매듭처럼 남겨진 저 단호함
한 생이 거기 있다

흔들리며 떠나보낸 잎새
지금쯤 어디를 가고 있을까
바람에 날리다가, 물로 흐르다가
어디서 이울고 있을까

누구의 마음에 스몄으랴
그 나무 잎새 하나
천둥 번개 이야기 풀어내고
불꽃으로 사루는 이야기들

어떤 것은 둥글게
어떤 것은 날카롭게
삶의 이력처럼
흔들리며 이야기하고 있다

신비한 세상

당신을 알기 전 세상과
당신을 안 후 세상
어찌 이리 달라질 수 있을까

새롭게 열리는 신비
나와 당신, 그리고 세상
돌멩이 하나도, 꽃 한 송이도
바람 불고, 비가 내려도
아무 관련 없다 여겨지던 모든 것들이
당신 때문에 사랑스럽고
당신 때문에 새로워지네

달이 지구를 돌고
지구가 태양을 도는 것도
이제야 보입니다

당신을 중심에 두고
사랑하는 자가 사랑받는 이를 위하여
더 바삐 움직이게 하는

그 속에서 숨 쉬는 하루하루
어찌 그리 아름다운지
온 세상이 사랑입니다

안개꽃 사랑

나는 당신의 안개꽃
내 안에서 당신이 빛나도록
언제나 당신 뒤에 서 있겠습니다

당신이 중심 되고 나는 배경 되어
꽃다발이 되는 것만으로도
가슴 벅차오르고
새벽마다 안개로 부서져
당신의 아침이 되겠습니다

잊지 말아 주십시오
당신이 앞서고, 내가 뒤에 서도
우리의 발은 언제나 함께 묶여
하나로 서 있다는 것을

그대에게 이르는 길

그대 가슴에 닿기 위하여
낮은 곳으로 내려간다

푸른 빗방울 어둠을 뚫고 내리는 동안
고적한 적막에 자신을 담근다
스스로 부서지고 비워낸 무게
아무도 모르게 한 방울 이슬이 된다

날아오르며 서로를 보듬는 사랑
그대 가슴에서 반짝일 맑은 숨결
밤새 하늘길 돌아
처음 돋는 저 아침 해

초록 잎새 끝에서
불타는 빛으로 만나는 사랑
한 알의 진주로 반짝인다

소망

그대 생각에 매인 줄
단단하여 풀 수 없는 날부터
나는 당신을 맴도는 영혼입니다

해를 따라 도는 해바라기는
얼마나 행복할까요
그래서 밤엔 고개를 숙이나 봅니다

하루가 천년 같고
천년이 하루 같은
내 속에 있는 즐거움

탯줄에 매인 태아처럼
이 세상 어느 좌표에서라도
당신 안에서 나는
행복한 해바라기입니다

사랑

번개처럼 다가와
불꽃 하나로
온몸을 사르는
나는 없어지고
그대만 보이는 세상
타다가 하얀 재로 남아도
벅찬 가슴

사랑이여

사랑아

누군가에게 사랑을 주고
누군가에게 사랑받는 일은
얼마나 아름다운가
낙엽 하나 뒤척여도
꽃 한 송이 피고 져도
못 잊을 사람

아득히 멀던 그대
한 송이 꽃으로 피어났을 때
예쁜 세월 시작되고
수천수만의 잎을 흔들어 올리는
숲으로 쏟아지는 저 햇빛
오고 가는 저 빛줄기, 저 바람

맑은 눈 씻어 푸른 하늘 보는 자여
그 너머 궁창에 헤아릴 수 없는 우주
이름 없는 별 하나도 품어주고
먼 데 있는 숨소리도 놓치지 않는

불러도 불러도 다 못 부를
죽어도 못 잊을 사랑아

수채화 편지

가을이 오면 나무는
수채화 편지를 쓴다
가슴으로 채색한 물감
몸으로 쓰는 편지

삶의 모든 순간순간
햇빛으로 박음질하고
가슴에 불을 질러
번제로 태워지고 있다

빈 가지에서 이는 저 불꽃
사랑 하나 맺어
빛나게 흔들리다가
마음 살워내는 그리움

어머니처럼 넉넉한 가슴
귀거래사 사모곡 편지 한 장
수채화 물감도 마르기 전
바람은 소인을 찍고 있다

가슴에 어리는 사랑

그대가 나인 듯
내가 그대인 듯
가슴에 어리는 사랑

궁창 너머 꿈 하나
마음에 불씨로 심어
등불로 달았다

새벽마다 맑은 가슴
청정한 빛으로 빚어
푸르게 푸르게 밝히다가

꿈인 듯, 생시인 듯
가슴에 흐르는 사랑
영원한 세월 건너서 가고 있다

가을 연가

세상에 왔다가 사라지는 모든 것
어디 사랑 아닌 것 있으랴
시린 바람 불어 아파도
꽃 한 송이 지는 것도
깊은 사랑이므로
보이지 않게 흐르는 저 사랑
누가 붙들어 가슴에 지피리오

강물도 외롭지 않으려 서로 만나고
새들도 그리워 떼 지어 날고
단풍잎 하나도 자신을 불사르는 것은
붉게 발화하는 진토에 깃들기 위함이니
사랑의 불씨에 가 닿기 위하여
우리 모두
스러지고 일어서며
시원始原을 향하여 흘러간다

갈대와 하늘

파란 하늘 가을은
갈대 끝으로 오는가

비바람 속에서
여름내 품었던 씨앗은
어느새 영글어 이야기가 되고
시냇가에 발 담근 뿌리는
파란 물감을 퍼 올린다

갈바람 속에 하늘거리는 붓
코발트색 물감을 하늘에 바르면
가을은 다시 하늘에 걸린다

가을 수첩

나무마다
등불을 켜고 있다
영혼의 불을 밝히고 있다
어느 빛이 이보다 더 밝을까
자신을 태워 밝히는 뜨거운 저 불
하늘은 더 높이 물러선다
찬 바람도
작은 잎새 등燈을 데리고
어디론가 흘러가고 있다
가서 다다르지 못하면 누가 거둘까
저 등 꺼지면 누가 다시 지펴줄까
붉게 타는 강물 위로 노을이 지면
우리 가슴에 등 하나 살아날까
군불처럼 지피는 가슴
하늘 기운 다시 내려와
보일 듯 보이지 않는 숨소리 고동
가지마다 실핏줄 속에 잠겨
봄날의 꿈을 꾼다

길 나서는 씨앗들아

얼마간의 일용할 양식
소풍 가듯
자식의 손에 쥐여주는
저 단단한 어머니 사랑
세상의 모든 풀 나무들
바람 불어가는 들판 저 끝
간조한 땅 벼랑이라도
바람 끝에 가 닿기 위하여
길 나서는 씨앗들아
눈에 넣어도 아프지 않은
사랑아, 사랑아

지는 꽃은 울지 않는다

지는 꽃은 울지 않는다
화사한 꽃술 저리 피우고
일생을 다하여 바라본 해와 달
무한 질서 밤하늘 별들
바람과 구름의 장엄한 서사
벌 나비 작은 몸짓 하나까지
주신 분복 다 누리고
사랑 하나 체온으로 덥혀
보일 듯 말 듯 스러지는 것은
스스로 흔적을 지울 뿐
속으로 우는 기쁨의 눈물이던가
씨방 속 꿈 하나로
반짝이는 것이다

가을 강이 다다르는 곳

강이 바다에 이르기 전
더 아름답게 보이는 것은
소멸을 앞두고 있기 때문이다
돌멩이 하나 던져도, 웬만한 바람에도
처음의 조급함이나 분주함도 거두어들이고
요동치 않는 그곳에 서기 위하여
다다라야 할 곳에 이르는 저 강
흐름이 멈추면 거기서 기다리는 또 다른 세계
소리 죽여 흐르는 침묵의 깊이만큼
여름에는 푸른 강이더니
가을에는 불타는 강으로 태워지는 삶
물은 흐르면서 앙금을 만들지 않는다
부는 바람도 매듭을 짓지 않는다
바다에 들기 전 강은
자신의 이름마저 지운다

천년의 미소

무슨 꽃을 피우려고
미소가 저리도 아름다운가
생각이 머문 곳에 마음꽃 피고
사유는 한 줌 향기 되어 날아오른다
꿈틀거리는 돌 속 혈맥
맥박의 고동 잦아들면
아래로 침전되는 전신의 무게
감포 앞바다 솟아오른 처음 빛
정수리에 머물다 전신으로 흘러내린다
석공이 심어놓은 불씨 하나
숨소리조차 들리지 않는 얼굴
석실을 데우고
온 산을 데우고
한 송이 꽃으로 승화된다
토함산도 함께 두둥실 떠오른다

2부
생명 품는 하늘 보자기

민들레 꽃대궁 • 어느 봄날 • 꽃은 샘내지 않는다
생명 싸개 • 신호 • 소백산 철쭉 • 발왕산 주목 수묵화
꽃처럼 그렇게 • 자목련 • 사랑 하나 저만치
화관 • 둔내령 산리홍山裡紅 • 불꽃처럼
짧게 머물다 떠난 꽃들에게 • 마침표
어린 나귀의 어떤 하루

민들레 꽃대궁

바람 불어 좋은 날
생명의 몸을 풀고 있다
환희와 희열의 몸부림
하나둘 떠나보내는 지극한 사랑
어미의 생명 무늬 지니고
힘차게 떠오르는 소망의 군무
어디쯤 가고 있을까
키 발 디뎌 살피는 모성
어디든 가서 꿈을 펼치거라
저들이 딛고 오른 꽃대궁
햇살 한 줌 다가와
가뭇없이 주어버린 사랑
어루만지고 있다
가던 바람도 뒤돌아보고 있다

어느 봄날

둘레길 언저리
산사山寺 돌계단 아래
잠시 숨을 고른다

건들바람 인다
졸던 풍경風磬은
언뜻 제 몸을 때리고

맑은 소리
하늘 타고 오르다가
계곡 따라 내리다가

간밤 고단한 저녁
보릿고개 넘던 멧돼지 가족들
곤한 잠 꿈결로 덮는다

꽃은 샘내지 않는다

크거나 작거나
화려하거나 소박하거나
향기가 있거나 없거나
일찍 피거나 늦게 피거나
홀로 당당하다
이것만으로도 세상은
충분히 아름답다

생명 싸개

씨앗 하나 품으려고
저 비바람 세월 견뎌 냈을까
무엇이 그리 가슴 겨워
귀한 옷 저리 입혔을까

생명이 품는 것이라면
품어 낳지 않은 열매 어디 있으랴
새들도 제 깃으로 알을 품고
구름도 비를 품는다

우리에게 주신 사랑의 불씨
품을수록 따뜻하고
품을수록 맑아지는
생명 품는 너른 하늘 보자기

주어도 주어도
스러지지 않는 불씨
태양도 불을 품고 저만치
사랑으로 돌고 있다

신호

누가
신호를 보내는가

서로
연락 없어도

꽃 피우고, 꽃 지우고
잎 틔우고, 잎 지우고

각자
알아서 얻는 깨달음

나서야 할 때와 물러나야 할 때
사람들만 혼동하는 신호

소백산 철쭉

소백산 철쭉
산정에 서있다

비바람 눈보라 속
더 이상 오를 수 없는 곳
어찌 그곳까지 갔을까

고난의 세월이 흐르고
풍상 견뎌낸 엎드린 모습
하늘 가까이 너는 서 있다

큰 나무들은 다 어디로 갔을까
목이 곧거나
제 몸 낮추지 못한 것들은
정상에 서지 못하였다

더디어도, 보는 이 없어도,
줄기마다 꽃을 밀어 올리면
거기에도 마침내 봄은 온다

발왕산 주목 수묵화

바람 불고 봄비 세차게 내리는 날
너를 만나러 간다
일천사백오십팔 미터 구름 속에서
굵은 선 긋고 선 네 모습
어찌 좋은 날만 있었겠느냐
비바람 홀로 견디고 서 있었구나
능선을 따라 배를 밀며 넘는 농무
우듬지를 지웠다 그렸다 붓이 급하다
거센 빗줄기는 몸통을 백묘白描*로 사선을 긋는다
안개구름은 이미 색을 지워버리고
몽롱한 발묵潑墨**으로 번지고 있다
천년 세월 누굴 보려고 저리 서 있었나
너처럼 나도 맨몸으로
조용히 네 옆에 기대어 선다
천년의 행간에 나를 세우고
모든 색을 지운다

* 먹 선만 사용하여 그리는 수묵화 기법
** 먹물을 번져 퍼지게 함

꽃처럼 그렇게

꽃들은 얼굴을
찡그리지 않는다

세상엔
꽃 같은 얼굴들

자기 이름대로
일생 동안

부끄럽지 않게
꽃처럼 그렇게

자목련

하늘 향하여
활짝
꽃 피우고 있다

당신 작품
보시라고

사랑 하나 저만치

조선의 여인 닮은 다소곳한 사랑
하얀 모시 저고리 옷깃에 이는 바람
펼쳐진 궁륭 녹색 치마 부풀리고 있다
참빗으로 빗은 쪽 찐 뒷머리엔
옥비녀 끝으로 햇살 한 줌 흘러내리고
저고리 속에 감추인 부푼 숨소리
물오른 그대 가슴 꼭두서니빛으로
끓어오르는 다듬이질 방망이 소리
입술 끝에서 번지는 단아한 미소
옷섶에서 너울거리다 이울고
절하듯 모은 가지런한 두 손
예를 다하듯 부르고 있다
연둣빛 옷고름 붉은 매듭 서로 닿을 듯
고동으로 파르르 떨고 있다
하냥 내 심장을 소소리 흔들어 놓고
사랑이듯 가없이 떨리고 있다

화관

가장 높은 곳에서
아름답게 흔들리는 것은
얼마나 아름다우냐

빛나게 흔들리는 일을 위하여
나무들도 수관을 쓰고
꽃들은 꽃을 피우지 않더냐

사람이 의관을 쓰고
청태관 쓴 계류 속 바위들도
세상에 빛나기 위함이라면

서로 사랑 하나
높은 곳으로 흔들어 올리고
빛나게 닦는 것
가장 소중한 일생의 일 아니더냐

둔내령 산리홍山裡紅*

매선梅仙 같다 할까
오얏[梨花] 같다 할까
구름에 물어도, 바람에 물어도
이보다 더 벅차오를까

산리홍아,
매서운 바람 끝자락 밀어내고
봄의 정수리 여는 아침
농무 속에 숨어 그리 수줍어하는가

네 가슴 삭아 내리던 그때
몸통 속 동공 상처 긁어내
내 마음 네게 메워 바로 세운 그날
홀로 남겨둔 지 어림 삼십 년

섬처럼 외로웠을까
울음 젖은 슬픔처럼
지난 가을 붉은 열매 뚝 뚝
눈물인 듯 달고 있구나

* 산사山樝나무(낙엽활엽수, 소교목), 강원특별자치도 횡성군 안흥면 소사리에 소재한 영동고속도로 '횡성휴게소'(강릉 방향) 광장에 보존된 산리홍

불꽃처럼

어디선가 불꽃 하나 날아와
저리도 만산을 태우는가

그대 진달래 붉은 가슴
산자락 뜨거운 꽃불 가마

마지막 한 줌 재가 되어도
내 어찌 아니 타오를까

산도 사람도
열병의 사춘을 앓는다

짧게 머물다 떠난 꽃들에게

짧게 머무르다 떠나는 꽃들아
아쉬워 말아라
한세상 누렸으면 족하지 않겠느냐

있는 듯 없는 듯
제철 건너 보이지 않게 되어도
풀잎 밑 제 한 몸 뉘어도
생육하고 번성했으면 된 것을

살면서 바람 한 장 거두지 못했어도
풀잎 하나 들추지 못했어도
어디, 그 어떤
영광으로도 비교할 수 있겠느냐

노란 꽃, 하얀 꽃, 검은 꽃
짧게 머물다 떠난 꽃들아
있는 곳 제자리에 있어만 주어도
스며든 세상 환하지 않았겠느냐

마침표

다 이루었다
누가 말할 수 있으랴

사월이 오면
마주 서는 거룩함

새 생명의 꿈틀거림
완성이자 새로운 시작

꽃들이 피어난다

어린 나귀의 어떤 하루

성문 밖 새끼 나귀 한 마리 엄마 따라왔다
무슨 영문인지 알 수 없으나
어떤 일이 벌어지고 있는 것 같았다
많은 사람이 모여 있었고
그중 한 분의 얼굴에서 광채가 났는데
오래전부터 우리를 아시는 듯 다가오셨다
내 등을 잠시 쓰다듬으실 때
마음이 뜨거워지면서 기쁨이 나를 감쌌다
그분이 우릴 택하시고 부르셨다
사람들은 옷을 벗어 덮어 주었고
그분이 올라타시자
나는 잠시 비틀거렸다
흘깃 돌아본 엄마 눈과 마주쳤다
— 배에 힘을 주거라. 무릎과 발목으로 버텨야 해
그러자 용기가 생겼고 마침내 버티고 섰다
사람들이 소리를 지르고 나뭇가지를 흔들며
길 위에 옷과 가지를 깔고 꽃을 던지기 시작했다
군중 소리에 정신이 없었으나 나는
엄마의 목소리를 들을 수 있었다

— 그래그래, 잘 하고 있어, 그렇게 하는 거야
— 서두르지 말고 똑바로 걸어야 한다
이전에도 이후에도 이런 일은 없을 거라고 했다
환호성 소리에 우쭐거리면 안 된다고도 했다
난생처음 이 일로 가슴이 벅차올랐다
엄마의 미소가 입가에 번지고 눈물이 반짝였다
어느새 성문이 보인다

3부
어제보다 오늘 더

소반 · 환선굴 종유석 · 바람의 혼
기러기 가르침 · 공간 역학 · 계국지 · 반가사유상
지우개 · 법칙 · 마지막 비상 · 소실점
진실은 변명하지 않는다 · 어제보다 오늘 더

소반

사자 다리 소반 위
두 뼘 남짓 작은 세계

하나만
담으라면

내 마음
담아
드리겠어요

환선굴 종유석

그리움도 쌓이면
단단해지는가

홀로 닦을 수 없는 외로움
뚝뚝 가슴에 여울지는 풍절음風折音

기다림의 눈물
겁의 세월도 찰나처럼 새롭다

자신을 녹여 세운 돌비
우리 잡은 손 네 앞에 숙연하구나

바람의 혼

바람이 분다
그 속에는 천의 소리가 산다
풀 위에서는 스르르 스르르
바위틈에서는 우우우우 운다

빛바랜 사진 속에서 울 때가 있는데
그때의 소리는
가슴에서 우는 소리이다
가 닿을 수 없는 애잔한

기러기 가르침

기러기 한 무리 하늘 창공 가로지르고 있다
일자 목 꺾지 않고도 서로 내는 뿔 소리
주어 서술어도 없는 단음의 소통
애기봉 아래 조강 모래톱 비무장 지대
사람과 사람이 단절된 그곳에 간밤 꿈 털어내고
염화강 건너 강화산성 가로지른다
내 출근 시간이 저들의 출근 시간
짙은 안개나 펑펑 눈에도 비행은 정확하다
갈팡질팡 갈피 없는 사람들 철없고
온종일 말 많은 허튼 시간 잦아들면
뉘엿뉘엿 서산 붉은 눈시울 젖어 드는
어김없는 뿔 소리 꺼 억 꺽
애기봉 향한 기러기 떼 귀가한다
날면서 하늘에 새긴 사람 인人 자
잊지 말아요, 잊지 말아요
아침저녁 사람을 교훈하고 있다

공간 역학

채우면 줄어들고
비우면 늘어난다

여유

게국지

팔팔 끓는 가마솥
국이 끓고 있다
배고프던 시절 그 게국지

주목받지 못한 것들 모였다
뻘밭을 기던 흔하디흔한 게
버려진 배추와 고추 나부랭이 시래기

버려진 밭에서
서로 어울려 우려내는 맛
저들도 한세상 넉넉히 건너지 않았겠느냐

끄트머리에 서거든
하늘을 볼 일이다

반가사유상

생각이 깃들면
철도 저리 따스해질까
일순의 생각이 영원으로
치환되는 저 사유
생각도 오래 익으면
말 없어도 수천의 말을 하는
묵언의 고요

지우개

지우개는 공평하다

흔적을 지울 때
제 몸을 내어주면서
대상을 닦는다

적은 것은 적게
많은 것은 많게
서로를 보듬어 낸다

살면서 무언가
다시 시작하고 싶은 날
백지 위에 놓인 너를 생각한다

법칙

눈이 옵니다
펑펑 내립니다

장독대에도
나뭇가지에도 내려옵니다

작은 것은 작게
큰 것은 크게 담아 줍니다

하늘에서 내리는 것은
언제나 그렇습니다

마지막 비상

한 방울 궁극의 꿈을 위하여
길을 떠나야 한다
투명하도록 지워지는 어둠
마지막 비상을 위하여
먼 길을 응시하고 있다
성긴 깃 사이로 새는 바람
두 발을 번갈아 딛으며 날개를 편다
어린 새들 날아와 몸을 부빈다
날것으로 살아온 생애
이제 아무도 보이지 않는 곳으로 날아가야 한다
한 줌 소제로 드려지기 위하여
혼신의 힘으로 가지를 박차고 떠오른다
일렁이는 발톱 물결 건너
저 멀리 오르는 바람의 끈
새끼 새들도 날개를 펴고 일제히
빛을 딛고 함께 날아오른다

소실점

누구나 소실점을 가지고 산다

소실점이 없는 사물은 없다
그곳으로 가면 사라지는 것
모든 것이 소멸된다

지금 보이는 것 실은 없는 것이다

진실은 변명하지 않는다

아니라 해도
긴 것은 긴 것이요
기라고 해도
아닌 것은 아닌 것이니

누가 뭐라 해도
걱정하지 말 것은

그저
가만히 있어도
넉넉하다

조금
늦을 뿐이다

어제보다 오늘 더

어제보다 오늘 더
내일은 오늘보다 더

깊어지고
무르익고
향내 나고
새로워지는

우리 사랑
그렇게

4부
나무는 늙을수록 아름답다

꿈에 본 장독대 • 물수제비 • 당신의 품
나무는 늙을수록 아름답다 • 새는 날면서 하늘에게
꽃들은 거울을 보지 않는다 • 맥문동꽃
꿈꾸는 나무 • 시절의 소리
어느 카페 앞 화살나무 한 그루 • 칠포리 해변
한탄강 • 소양강댐을 담다 • 누아주(nouage) • 물방울

꿈에 본 장독대

시골집 고즈넉한 뒤뜰엔
옹기종기 장독대가 여전하다

부비며 오가는 햇살들
저마다 묻어있는 온기로
내면을 달구고 있다

봄, 여름, 가을, 겨울
가슴에 담았던 비와 바람을 풀어내면
어느새 술 익는 냄새

부지런히 장독대를 오가셨던 어머니
옹기마다 간장, 된장, 고추장
어머니 발소리 듣고 익어간 생명의 이야기들
당신의 등에서 나는 구수한 된장 같은 땀 내음
어머니는 거기서 맛을 퍼 올리셨다
뒤안은 어머니 자신이었다

비켜선 감나무가
'툭' 하고 홍시 하나 무심히 떨구고 있다

물수제비

시냇가에서 떠보는
추억의 물수제비

퐁 퐁 퐁 퐁

물비늘 따라
미끄러지던 어릴 적 먼 기억

배고프던 시절
어머니가 끓여 주시던

납작하게 빚어 넣은
수제비를 닮은 돌

퐁 퐁 퐁 퐁

어린 날의
보릿고개 건너가고 있다

당신의 품

배 한 척 포구에 닿으니
쉼을 얻는다

광풍 바다
헤쳐온 저 발걸음

쉴 곳 없어 마음 요동쳐도
물 위 걸음 흔적 다 지우고

처음처럼 띄워주는
넉넉한 사랑

나무는 늙을수록 아름답다

바람의 언덕
나무 한 그루 바람에 흔들리고 있다
삼백 년 동안 가지 하나 성한 것 없어
비틀리고, 잘리고, 구부러진 형체
붉은 노을빛 석양을 바라보고 있다
한 걸음 움직이지 못하였어도
온 우주 하늘 밤마다 구경하고
동네 사람들 걸음 하나, 몸짓 하나 낱낱이
늦게 왔다 먼저 가는 인생도
온갖 새소리 다 보고 듣는다
가끔씩, 하늘도 내려와 휘감겨 안기고
바람도 멀리 와 머무는 넉넉한 가슴
하늘 깊은 곳 노년의 모습을 드리우고 있다
나무는 늙을수록 아름답다
풍상 서린 저 아우라
아직도 어린 가지 거느리고
꿈을 밀어 올리고 있다

새는 날면서 하늘에게

새는 날면서 하늘에게
상처를 주지 않는다

살면서 뉘 흠 없으랴

낱알 한 알 위하여
날갯짓 거칠거나 가분하여도
하늘에 발톱 자국 하나 남기지 않는다

일생이 다하면
아무도 모르는 곳으로 가
자신의 흔적마저 지우는

잠시 빌려 쓰는 세상
날아오르며 가로지르며
하늘을 푸르게 닦고 있다

꽃들은 거울을 보지 않는다

꽃들은
거울을 보지 않는다
하늘을 우러를 뿐

향기 다 내어주고
빈자리 되어도
다함없는 가슴

때가 이르면
돌아갈 곳 바라본다

꽃들은
제 모습으로 서서
저 아름다운 세상
넉넉히 건너간다

맥문동꽃

디오게네스의 등불이다

정직한 의인

보랏빛 촛대 허리 세우고

온종일 찾고 있다

꿈꾸는 나무

한여름 보광사* 앞마당
단풍나무 아래서 하늘을 올려다본다
거목으로 자란 우산형 너른 수관
푸른 잎새 거느린 가지 끝으로
천 갈래 혈맥이 번지고 있다
떨어지는 햇살은 얼마쯤 엽맥 속으로 녹아들고
머물지 못한 것들은 다시 하늘로 올라간다
줄기에 귀 대이면
아득한 물관의 고동
여린 잎 피워낸 제 몸의 먼 곳까지도
소홀함이 없는 사랑
시들지 않는 생수 땅속의 기운을 보내고
바람 속에서도 꿈을 꾸게 한다
손바닥마다 심장의 열정 새기고
하늘 별 꿈으로 영글어 간다
아직은 푸르게 푸르게
수천의 손을 흔들고 있다
우리의 사랑처럼

* 과천에 있는 한 사찰

시절의 소리

길가에 활짝 핀 무궁화꽃
우렁찬 매미 소리 듣고 있다
이전 것들은 이 소리
듣지 못하고 졌다

우리 속에 자신도 모르게 익숙해진
굽어지거나 꺾어진 소리보다
시절의 소리는 얼마나 아름다운가

피움과 지움의 정한 이치
솟아오르다 꺼져가도
어디 허튼 것 있으랴

더 깊고 아득한
시원始原의 처음 소리 듣기 위하여
한 송이 꽃 가슴에 피워본다

어느 카페 앞 화살나무 한 그루

여름 한나절
어느 카페

유리창 너머
화살나무 한 그루 날아왔다

누가 쏘았을까

내 안에 문득
요동치는 얼굴 하나

세상 끝에서도
못 잊을 사람

명중이오
외치는 외마디 소리

칠포리 해변

모래는 서로 부딪히면서 자신을 깎는다
작아지기까지 아픔의 모서리
마침내 저 끝으로 들려오는 파도 소리
물보라 함께 덮고 부비는 해변

뜨고 지는 해보다 더
뜨겁고 분주하던 날
부서지는 언저리 잠시 잊고
모난 가슴 서로 보듬는다

둥근 마음 잇대어 눕는 사랑
기세 좋은 저 파도도 달려와
흰 거품으로 부서지면서
자박자박 모래 속으로 스며든다

한탄강

스스로 몸을 숨기고 울음 우는 강
절벽 아래서 꿈틀거리는
처음 강이었다가 아직도 살아남아
굽이굽이 뜨겁게 싸워 이긴 용암의 흔적
주상절리 명품을 거느리고 있다
평강군에서 한 방울 물이었던 너는
어느새 큰 여울 이루고
시방도 발아래 맑은 물소리로 휘돌아
낱낱이 보았던 북녘땅 어찌 말이 없느냐
동강 난 허리 반쪽 반도를 너 홀로 잇고
한탄을 머금고 예 이르러
협곡마다 울음 우는 강아
흐르다가 끝내 한을 버리고
임진강으로 불리워지기까지
꿈처럼 아직도 몽돌을 굴리고 있다
놀빛마저 꺾여 드는 물결 위
절벽마다 새들은 사람처럼 깃들고
사람들은 새처럼 공중을 걷고 있다

소양강댐을 담다

차오르기까지는 기다려야 한다

마침내 맑은 물로 흐르려면
저 물 깊이만큼 푸르러지기까지
한 방울 한 방울 고임의 기다림

거르지 못한 생각도
거르지 못한 조급함도
기다리는 것

저 둑만큼 묵직해지려면
저 물만큼 맑아지도록
댐 하나 마음에 들여놓고
깊어지고 싶다
옥빛으로

누아주(nouage)*
— 신성희 화백

일생의 염원이 불꽃으로 타오른다

공간을 열망한 평면은
찢어짐으로 죽는다
죽음은 소멸이 아니라
또 다른 생명

평면에 진동이 인다
진동은 골을 이루고
일어서는 골마다 별곡이 된다

심상에 사유된 인식이 머물고
마침내 부활로 승화된다

하늘과 땅
너와 나의 결합이다
그의 캔버스는 살아있다

* 신성희 화백이 창시한 화법. 화폭을 찢고 엮고 잇고 묶어 평면 화면을 입체 화면으로 재탄생시킨다(표지의 그림 참조).

물방울
— 김창열 화백

스며들고픈데
아직은 길을 몰라

적셔들고픈데
아직도 단단한 세상

덩그마니 웅크린
방울방울 고독

한 줄기 휘도는 빛만
스러질 듯 영롱하다

해설

소외자에 대한 관심이 유다른 시편들
― 김순규 시집 『생각이 머문 곳에 마음꽃 피고』

임영천(문학평론가·조선대학교 명예교수)

　김순규 시인의 제2시집 『생각이 머문 곳에 마음꽃 피고』(2025)가 출간된 것을 기쁘게 생각하며, 동시에 축하를 드린다. 제1시집 『솔바람 피리소리』(2023)가 나온 지 2년 만이어서 그의 작시作詩에 대한 열정이 만만치 않음을 모든 이들에게 광포廣布한 셈이기도 하다.

　필자는 이번 시집 속의 여러 시편들을 일별하는 중에 「어린 나귀의 어떤 하루」란 작품에 상당한 친근감을 느끼게 되었다. 개인적으로 이 시집 속에서 '가장 친근감이 느껴지는 시'라고 생각되었다. 일단 이 시 작품을 직접 보면서 이야기를 시작해 보기로 하겠다.

성문 밖 새끼 나귀 한 마리 엄마 따라왔다
무슨 영문인지 알 수 없으나
어떤 일이 벌어지고 있는 것 같았다
많은 사람이 모여 있었고
그중 한 분의 얼굴에서 광채가 났는데
오래전부터 우리를 아시는 듯 다가오셨다
내 등을 잠시 쓰다듬으실 때
마음이 뜨거워지면서 기쁨이 나를 감쌌다
그분이 우릴 택하시고 부르셨다
사람들은 옷을 벗어 덮어 주었고
그분이 올라타시자
나는 잠시 비틀거렸다
흘깃 돌아본 엄마 눈과 마주쳤다
— 배에 힘을 주거라. 무릎과 발목으로 버텨야 해
그러자 용기가 생겼고 마침내 버티고 섰다
사람들이 소리를 지르고 나뭇가지를 흔들며
길 위에 옷과 가지를 깔고 꽃을 던지기 시작했다
군중 소리에 정신이 없었으나 나는
엄마의 목소리를 들을 수 있었다
— 그래그래, 잘 하고 있어, 그렇게 하는 거야
— 서두르지 말고 똑바로 걸어야 한다
이전에도 이후에도 이런 일은 없을 거라고 했다
환호성 소리에 우쭐거리면 안 된다고도 했다

난생처음 이 일로 가슴이 벅차올랐다
엄마의 미소가 입가에 번지고 눈물이 반짝였다
어느새 성문이 보인다
　　　　　—「어린 나귀의 어떤 하루」 전문

　상당히 긴 시 작품이다. 나는 이 작품을 읽으면서 무슨 동시 또는 동화를 읽는 기분에 젖어들기도 하였다. 느닷없이 동화童話 이야기가 튀어나온 것은 이 작품에서 서사적敍事的 특성이 강하게 풍겨 나온 때문이었다. 일반적으로 서사성敍事性이 비교적 강한 문학 장르가 소설이요, 이 소설 중에 여로소설旅路小說이란 게 있는데, 이 말법을 서사성이 강한 동화풍의 이 시「어린 나귀의 어떤 하루」에 적용해 본다고 하면(하나의 가정일 뿐이지만), 이는 여로동화旅路童話의 성격이 강한 시 작품이 되었다고 표현해 볼 수도 있겠다.
　이 시는 마태복음 21장 1~9절[1]의 내용을 시적으로 형상화한 작품이다. 이들 성경 말씀에 의하면, 예수께서는 지금 명절에 임하여, 짐작건대 갈릴리의 어느 지점에서부터 출발하여 최종 목적지인 예루살렘을 향해 여행길[旅路]에 올라 있다. 중간 경유지인 감람산의 벳바게와 베다니

---

1) 이는 마가복음 11장 1~10절, 또는 누가복음 19장 28~38절, 그리고 요한복음 12장 12~16절까지의 내용이기도 하다. (4복음서에 모두 나와 있는 내용이란 말이다.)

가까이에 이르렀을 때, 예수께서 두 제자를 불러 맞은편 마을로 가라고 했는데, 거기에는 매여 있는 나귀(어미)와 나귀 새끼가 함께 있을 것이라 하고, 그러니 그들을 내게로 끌고 오라고 하였다. 그러면서 만일에 대비하여, 만일 누가 왜 그러느냐고 묻거든 주가 쓰시겠다고 하라, 그러면 즉시 보내 줄 것이라고 하였다.

제자들이 그 마을로 가서 본즉 주님의 말씀대로인즉 그 매여 있는 나귀들을 풀었더니 그 임자들이 왜 그러느냐고 물었고, 주님의 말씀대로 답한즉 결국 끌고 가는 것이 허락되었다. 끌려온 나귀 새끼 위에 그들이 겉옷을 걸쳐 두매 예수께서 타셨고, 그런 뒤 많은 사람들이 자기 겉옷과 베어 온 나뭇가지를 길에 펴고서 소리 지르기를, 호산나 찬송하리로다 주의 이름으로 오시는 왕이여 하늘에는 평화요 가장 높은 곳에는 영광이로다, 했다고 하였다.

바로 이 내용이 김순규의 예수 찬양시「어린 나귀의 어떤 하루」에 아름답게 변용되어 나타난 것이다. 이 시에서는 그 나귀 새끼가 '나'라는 이름의 화자話者로 등장해 그날 거기에서 있었던 일들을 주관적(또 주체적)으로 그려 내고 있는 것이다. 앞서 말한 바에 따라 이 작품이 소설적(동화적) 서사성을 다분히 지니고 있다는 사실을 인정한다면, 이때 나귀 새끼('나')는 '1인칭 주인공 시점'의 위치에서 자신의 예수 찬양시를 읊어 나가고 있다고 볼 수 있으리라. 나귀 새끼에게 있어서 그것은 보통 영광스러운 일이 아닐 것이다. 크게 영광스러운 일이 아니겠나 싶다.

그런데 '나'(새끼 나귀)는 거기에 모인 많은 사람들 가운데, 그중 한 분의 얼굴에서 광채가 났다고 하였다. 광채는 곧 '빛'이다. 이는 마태복음 17장 2절 중의 "그(예수의) 얼굴이 해 같이 빛나며"라고 한 것의 한 실증이요, 또 요한복음 8장 12절 중의 "나(예수)는 세상의 빛이니…"라고 한 것의 또 다른 실증이라고도 할 만한 것이었다.

그런데 그 분(주님)이 "오래전부터 우리(나귀 새끼와 나귀 엄마)를 아시는 듯 다가오셨다"고 하였다. 예수께서 생면부지生面不知의 사람들에게 마치 오래전부터 아는 사이인 듯 친히 대하신 일은 다른 곳에서도 자주 일어난 일이었다. 아니, 예수께서는 자신을 선한 목자라고 칭하면서 "나는 '양'을 위하여 목숨을 버리노라"(요 10:15)라고까지 말씀하셨으니, 이 성경 말씀 속의 '양'이나, 또 여기에서의 '나귀 새끼' 등은 주님에 의해서는 거의 동류同類의 존재로 인식되었을 법하기도 하다.

그런데 이 나귀 새끼만은 그런 전례를 아는 바도 없었고, 그래서인지 저 자신으로서는 그 일을 매우 감동적인 일로 받아들이고 있는 것이다. 그래서 주께서 그('나')의 등을 잠시 쓰다듬으실 때 "마음이 뜨거워지면서 기쁨이 나를 감쌌다"고 하였다. 그리고 또 "그분이 우릴 택하시고 부르셨다"고도 하였다. 여기서 '우리'는 협의적으로는 '나'(나귀 새끼)와 나귀 어미, 그 둘을 가리키겠지만, 광의적으로는 그곳에 모인 모든 '사람들'을 가리킨다고 보아 무리가 없을 것이다.

실제로 예수께서 베드로, 야고보, 요한…처럼 열두 제자들을 택하시고 부르셨던 것처럼, 여기서도 예수께서는 "우리(나귀 새끼와 나귀 어미)를 택하시고 부르셨"던 것이라고 볼 수 있다. 이 일[사건]의 의미가 무엇일까? 성경 말씀에 의하면, 이 일은 앞서(옛날) '선지자로 하신 말씀을 이루려 하심'(마 21:4)이라는 것이다. 그럼 옛날 '선지자로 하신 말씀'은 또 무엇이었을까? 그것은 시온(예루살렘)의 딸에게 이르기를, "네 왕이 네게 임하나니 그는 겸손하여 나귀, 곧 멍에 메는 짐승의 새끼를 탔도다"(마21:5, 참조 슥 9:9)라고 알려진 그 내용이었다.

그 말씀이 실제로 실현되도록 지금 주께서는 이 나귀 새끼(어린 나귀) 위에 타신 것이며, 또 구태여 그 나귀 새끼 위에 타시게 된 이유라면 그가 겸손하기 때문에 나귀 새끼(-곧 멍에 메는 짐승의 새끼)를 타셨다는 것이다. 여기서 핵심 되는 말은 왕이신 예수께서 '겸손하시다'는 것이며, 또 '멍에 메는 짐승(나귀)의 새끼를 타셨다'는 그것일 터이다.

'왕'과 '겸손'은 일반적으로는 서로 잘 어울리는 말이 아니지만, '만왕의 왕'(계 19:16)이신 예수께서만은 거의 예외적이라고 할 만큼 '겸손한 왕'이시며 결코 오만한 왕이 아니라는 것이며, 그것의 상징적 실현이 곧 위용威容을 떨치는 전투마戰鬪馬가 아닌 '멍에 메는 짐승의 새끼'를

해설 89

타셨다는 그 사실에 있다고 보는 것이다. '겸손한 왕'이기 때문에 '멍에 메는 짐승의 새끼'를 타셨다고 하는 것만은 서로 썩 어울리는 일이라고 보아야 하지 않겠는가?

그래서 이 찬양 시구詩句 중에 "사람들이 소리를 지르고 나뭇가지를 흔들며 / 길 위에 옷과 가지를 깔고 꽃을 던지기 시작했다 / 군중 소리에 정신이 없었으나 나는 / 엄마의 목소리를 들을 수 있었다"라고 했는데, 거기에 더해진 엄마의 목소리가 "이전에도 이후에도 이런 일은 없을 것"이라고 했다는 것이며, 또 "환호성 소리에 우쭐거리면 안 된다"라고 훈계의 목소리까지 냈다는 것이다.

그만큼 나귀 엄마는 인류 역사상 이런 전무후무前無後無한 일이 다시 일어날 수 있을까 그 자신도 함께 놀라고 있음은 분명한 사실이지만, 그러나 그 어미는 이런 때일수록 우쭐한 생각에 부화뇌동附和雷同해서는 결코 안 된다고 제 새끼에게 확실하게 당부하고 있는 것이다. 지금 백성들로부터 환영받고 또 찬양받는 이는 주님이시지 결코 너 자신은 아니므로 괜히 조금치라도 호가호위狐假虎威의 행동이나 모습을 보여서는 안 된다고 분명하게 못을 박고 있는 셈이다.

이 찬양의 시는 다음과 같이 끝난다. "난생처음 이 일로 가슴이 벅차올랐다 / 엄마의 미소가 입가에 번지고 눈물이 반짝였다 / 어느새 성문이 보인다". 나귀 새끼가 엄마의 이런저런 교훈의 말씀을 아니 들은 것은 아니지만, 그러나

난생처음 만나는 이 놀라운 일로 가슴이 벅차오른 것만은 숨길 수 없었다고 했으며, 엄마는 무엇이 기쁜지 계속 미소가 입가에 번지고 있었으며, 또 무엇에 감동을 했는지, 아니라면 안심을 했는지 계속 흐르는 눈물로 안구眼球마저 반짝거렸다고 하였다.

그러나 "어느새 성문이 보인다"란 이 시의 마지막 구句에 이르러 우리 독자들 모두는 숙연해지지 않을 수 없다. 주님의 여로(여행길) 최종 목표 지점인 예루살렘의 성문이 보인다고 했으니, 앞으로 거기서 무슨 일을 당할지를 이미 어느 정도 알고 있는 우리로서는 주님의 그 행보를 막아야 할지, 아니면 고무해야 할지 결정을 내릴 수가 없을 지경이다.

그런데 진실을 말하자면, 주님의 그 행보는 하나님 아버지의 뜻이었고 그 때문에 이를 누구도 막을 수 없는 일이며, 또한 주님 자신의 예정된 길이기도 했으므로 종국엔 주께서 그 단행 여부를 스스로 결정하실 줄로 믿는다. 환영받고 또 찬양받는 날과, 그다음 단계 곧 고난을 향해 가시밭길로 들어서는 날의 경계境界가 바로 이 한 구절, "어느새 성문이 보인다"란 데서 명징하게 드러나고 있다.

시인의 첫 시집 『솔바람 피리소리』(2023)의 발문(해설)에서 최규창 시인이 이미 지적했듯이 "김순규의 기독교시는 … 외적으로 기독교적인 색채가 전혀 드러나지 않지만, 내적으로 상징과 은유로써 기독교적인 사상을 표현한 것은, 그의 기독교시에 대한 시작詩作의 특징"[2]이라고 할 수 있겠다. 또한 그의 시는 "성경의 생경한 언어나 구절, 그리고 성경의 지명이나 풍습을 그대로 사용하지 않는다. 이러한 성경적인 문화를 일상생활의 삶 속에서 용해시켜 일상적인 평범한 언어로 구성하고 있다."[3]라고 그 특징을 짚었는데, 정곡을 찌른 말이라고 볼 수 있겠다.

그의 이번 시집 『생각이 머문 곳에 마음꽃 피고』 가운데서도 거의 유일한 예외가 바로 앞서 살펴본 「어린 나귀의 어떤 하루」란 그 작품이었다고 보겠다. 그 작품 속에서만 성경적 언어들, 이를테면 나귀, 어린 나귀, 나뭇가지… 등의 용어들이 발견되는 것이다. 그래도 요한복음(12:13)에 나오는 '종려나무 가지'마저도 여기서는 그냥 '나뭇가지'로만 나올 뿐이고, 또 감람산이니, 베다니니, 예루살렘이니 하는 지명은 아예 하나도 나타나지 않게 처리되어 있다. 시인이 철저하게 성경적 언어들을 차단하려고 노력한 흔적들이라고 볼 수 있겠다.

그렇게 용심한 편이면서도 김 시인은 기독교적인 시를 어떻든 쓰고 있다. 앞서 본 상징과 은유로써든, 일상의 삶 속에서 용해시킨 일상적인 평범한 언어로써든 그는

---

[2] 최규창, 「자연과 신앙의 삶을 추구」, 『솔바람 피리소리』(창조문예사, 2023), pp.121–122.
[3] 상게서, pp.121–122.

기독교적인 시를 쓰고 있는 편이다. 이를 테면 「신비한 세상」, 「안개꽃 사랑」, 「그대에게 이르는 길」, 「소망」…과 같은 시편들을 들여다보면(그 외에도 더 많은 시편들이 있지만) 그런 작품들을 기독교적인 시라고 보지 않을 수 없다는 사실이 결국 드러나고 마는 것이다. 먼저, 「소망」이다.

> 그대 생각에 매인 줄
> 단단하여 풀 수 없는 날부터
> 나는 당신을 맴도는 영혼입니다
>
> 해를 따라 도는 해바라기는
> 얼마나 행복할까요
> 그래서 밤엔 고개를 숙이나 봅니다
>
> 하루가 천년 같고
> 천년이 하루 같은
> 내 속에 있는 즐거움
>
> 탯줄에 매인 태아처럼
> 이 세상 어느 좌표에서라도
> 당신 안에서 나는
> 행복한 해바라기입니다
> ―「소망」 전문

여기서 "나는 당신을 맴도는 영혼입니다" 했을 때의 '당신'을 인간적인 면에서의 연인(애인)이라고 볼 수도 있겠고, 나아가서는 기독신자인 김 시인의 면면을 고려하여 주님으로 볼 수도 있을 것이다. 그러나 누가 필자에게 "당신은 여기에서의 '당신'을 어느 쪽이라고 보십니까?"라고 콕 집어 묻는다면 나는 단연 후자(주님, 곧 예수)라고 대답하고 싶다.

이는 신경림 시인이 만해 한용운 시인의 '님'을 아래와 같이 해석한 것과 거의 같은(유사한) 경우라고 볼 수 있을 것이다. 만해의 시「복종」에서의 '복종'과「님의 침묵」에서의 '님'과 같은 시어를 해석하는 가운데 신경림 시인은 이렇게 말했다. (복종은, 만해의 "나는 자유를 좋아하지만 당신에게만은 복종을 하고 싶어요"란 시행 중에서의 그 복종을 가리키는 말이다.)

> 여기서 '당신'은 '조국' 또는 '겨레'로서 만해 시가 사랑의 노래로서 읽히는 측면과 민족시로서의 요소라는 양면을 다 갖추고 있음을 알겠는데, 이는 만해 시의 중심 개념이 되고 있는 '님'이 곧 사랑의 대상이기도 하고 조국 또는 겨레일 수도 있음을 뜻한다. 그러나 이것만으로 만해 시를 전부 이해했다고 말하기는 어렵다. 그가 진보적인 승려라는 점을 고려할 때 만해 시에서 종교적인 요소를 제외한다는 것은 말이 되지 않는다.[4]

결국 만해 시의 종교적(불교적)인 면을 고려하면, 신경림 시인은, 님은 곧 '부처'가 된다고 본 것이다. 이와 마찬가지로 "그가 독실한 크리스천 시인이라는 점을 고려할 때 김순규의 시에서 종교적인 요소를 제외한다는 것은 말이 되지 않는다"라고 우리는 바꿔 표현해 볼 수 있다. 즉 김순규(시 「소망」)에게 있어서의 '당신'이 곧 '주님'이 된다고 보는 것에는 조금도 무리가 없다고 보는 것이다. 아니, 시인(화자) 역시 그 점을 그대로 자인自認하고 있는 셈이다.

"그대 생각에 매인 줄 / 단단하여 풀 수 없는 날부터 / 나는 당신을 맴도는 영혼입니다", 이 시련詩聯 속에서의 마지막 '영혼'이란 시어에 대하여 좀 더 생각해 보아야 할 것이다. 여기서 "나는 당신을 맴도는 영혼"이라고 표현했을 때 사용한 그 '영혼'이란 말을 단순히 남녀 간의 사랑을 고백할 때 한쪽 편이 상대편에게 자기 자신을 가리켜 쓸 수 있는 말은 결코 아니란 관점에서 보면, 시인이 이 '영혼'이란 말을 이미 사용했을 때부터, 상대를 가리켜 쓴 이 '당신'이란 용어는 부득불 종교적 의미를 지니게 된다는 것이다. 그래서 그 말은 결국 '주님'을 지향하는 말이라고 보지 않을 수 없는 것이다.

"해를 따라 도는 해바라기는 / 얼마나 행복할까요 / 그래서 밤엔 고개를 숙이나 봅니다". 여기서 해는 예수(주님)

---

4) 신경림, 『시인을 찾아서』(우리교육, 2002년 10쇄), pp 248-249.

이며 해바라기는 바로 화자(시인)이다. 주님을 바라보기로 모든 생활이 정형화된 자기는 행복에 겨운 존재이지만, 그러나 그 때문에서도 주님(광채·빛)이 가려져 버린 캄캄한 밤엔 그 전도顚倒된 정도만큼이나 기가 꺾이고 풀이 죽게 되는 실정임을 시인은 고백하고 있는 것이다.

앞서 우리가 보았던 시「어린 나귀의 어떤 하루」속에서, 예수의 얼굴에서 '광채' 곧 '빛'이 났다고 했었는데, 이 현상을 "그래서 밤엔 고개를 숙이나 봅니다"라고 하는, 지금 보는「소망」시구 속의 '밤'과 대비해 본다면, 여기서의 이 '밤'이란 곧 '광채·빛'의 정반대 편에 자리하는, 즉 해바라기(시인·화자)가 살아가는 데 가장 여건이 좋지 않은 어두움(암흑)이란 부정적 환경이 될 수밖에 없는 것임을 알 수 있겠다. 그래서 어두운 밤엔 고개를 숙인다고 솔직하게 고백하는 것이라고 볼 수 있다.

    나는 당신의 안개꽃
    내 안에서 당신이 빛나도록
    언제나 당신 뒤에 서 있겠습니다

    당신이 중심 되고 나는 배경 되어
    꽃다발이 되는 것만으로도
    가슴 벅차오르고
    새벽마다 안개로 부서져

당신의 아침이 되겠습니다

잊지 말아 주십시오
당신이 앞서고, 내가 뒤에 서도
우리의 발은 언제나 함께 묶여
하나로 서 있다는 것을
       ―「안개꽃 사랑」 전문

 화자는 '나'와 '당신'과의 관계를 표현하되, '나는 당신의 안개꽃'이라고 스스로를 애써 미약한 존재로 자리매김한다. 당신은 당연히 중심이고 나는 당신을 더욱 돋보이게 하기 위해 그 주위를 둘러싸는 안개꽃과 같은 희미한 존재에 불과하다는 것이다. 절대자로서의 신적 존재와 미약한 피조물과의 관계임을 자인하는 데서 나올 수 있는 가능한 표현이라고 할 것이다. 그래서 중심인 당신이 빛나도록 "언제나 당신 뒤에 서 있겠다"고 맹세하듯 확언하는 것이다.
 그러면서도 "당신이 중심 되고 나는 배경 되어 / 꽃다발이 되는 것만으로도 / 가슴 벅차오르고"라고 표현한 데서는 '나'와 '당신'이 한 묶음의 '꽃다발'이 되는 관계라고 선언함으로써, 둘은 서로 불가분의 관계임을 천명하기도 하는 것이다. 이는 만해 한용운의 '님'을 해설하는 가운데 염무웅 평론가가 적절히 해석한 다음의 견해를 떠올리게 한다.

나는 님에 비하여 티끌처럼 보잘것없는 존재이지만, 님도 그러한 내가 있음으로 해서 비로소 있는 존재이다. 님은 절대의 존재이나 그러면서도 나를 통해서 존재한다. 나는 님에게 포함되며 님은 나를 통해서 구체화된다.[5]

그래서 위 인용문의 '님'을 '당신'으로 대체해서 읽으면 종교적 의미의 일치성으로 인해 김순규 시의 의중과도 상당히 맞아떨어질 것으로 보인다. 그러기에 다음을 잊지 말아 주시라고 화자는 못을 박듯 명언明言하는 것이다. "당신이 앞서고, 내가 뒤에 서도 / 우리의 발은 언제나 함께 묶여 / 하나로 서 있다는 것을"이라고 말이다. '한 묶음의 꽃다발'이 되든, 또는 '이인삼각二人三脚의 짝'이 되든, 당신과 나와의 관계는 떨어지려야 떨어질 수 없는 불가분리不可分離의 관계인 것만은 틀림이 없지 않겠는가.

그대 가슴에 닿기 위하여
낮은 곳으로 내려간다

푸른 빗방울 어둠을 뚫고 내리는 동안
고적한 적막에 자신을 담근다

---

5) 염무웅, 『민중시대의 문학』(창작과비평사, 1979), p.158.

스스로 부서지고 비워낸 무게
아무도 모르게 한 방울 이슬이 된다

날아오르며 서로를 보듬는 사랑
그대 가슴에서 반짝일 맑은 숨결
밤새 하늘길 돌아
처음 돋는 저 아침 해

초록 잎새 끝에서
불타는 빛으로 만나는 사랑
한 알의 진주로 반짝인다
　　　　　　　―「그대에게 이르는 길」 전문

　작가 이청준이 『낮은 데로 임하소서』란 이름의, 기독교 맹인 목사 안요한의 이야기를 써서 크게 히트를 쳤던 때가 있었다. 제목 그대로 '눈먼 이'가 낮은 데로 임하는(향하는) 기독 신앙 그 하나로써, '보는 이'도 쉽게 도달하지 못하는 기독인의 높은(?) 경지에 다다르게 된, 참다운 신앙 역정歷程에 대한 이야기였다. '낮은' 데로 임하는 자세와 '높은' 경지에 이르는 성취, 그 사이에는 '낮음'과 '높음'과 같은 용어상 상반적인 내용의 역설적逆說的 상황이 개진되기가 쉽다. 쉽게 표현해 보지면, 낮아져 보아야 높아져 보일 수도 있다는 것이다. 단 여기서의 높아짐의 의미가 결코 단순하지만은 않다는 데에 그 요체가 숨기어 있다는 것이다.

　화자는 "그대 가슴에 닿기 위하여 / 낮은 곳으로 내려간다"고 하였다. 바로 위에서 이야기한 그 높음과 낮음의 역설적 상황이 실제로 개진돼 있음이 보인다. '그대 가슴'은 아무래도 상징적인 대로 상위 지점으로 보지 않을 수 없겠다. 그래서 '저 높은 곳을 향하여'가 목표로 설정되어 있는 실정이다. 그러나 나는 실제로 "낮은 곳으로 내려간다"고 하였다. 참으로 역설적이게도 나는 낮은 곳으로 향할 때라야 비로소 그대의 그 높은 가슴에 다다를 수 있을 것이 기대되는 것이다. 그만큼 그대의 높은 가슴에 다다르는 일이 쉽지 않음을 알겠다. 오로지 자신을 낮추는 일만이 요구되는 것이다. 나귀 새끼(어린 나귀)가 주님을 자기의 등에 높이 태우기 위해서는 자신의 몸을 낮춰야만 하게 되듯이 말이다.

　'푸른 빗방울'이 내려 '한 방울의 이슬'이 됨으로써 서로를 보듬는 사랑으로 엉글어 갈 때, 그 사랑은 "초록 잎새 끝에서 / 불타는 빛으로 만나" 마지막엔 "한 알의 진주로" 반짝이게 된다고 했으니, 나와 주님의 사랑은 비록 낮음과 높음의 상반적 거리에서 맺어진 것이기는 하되, 나의 낮은 자세로부터 엉글어진 것이므로 마침내 그렇게 영롱하게 반짝이는 진주알의 사랑이 되지 않겠는가, 크게 기대된다고 하겠다.

당신을 알기 전 세상과
당신을 안 후 세상
어찌 이리 달라질 수 있을까

새롭게 열리는 신비
나와 당신, 그리고 세상
돌멩이 하나도, 꽃 한 송이도
바람 불고, 비가 내려도
아무 관련 없다 여겨지던 모든 것들이
당신 때문에 사랑스럽고
당신 때문에 새로워지네

달이 지구를 돌고
지구가 태양을 도는 것도
이제야 보입니다

당신을 중심에 두고
사랑하는 자가 사랑받는 이를 위하여
더 바삐 움직이게 하는
그 속에서 숨 쉬는 하루하루
어찌 그리 아름다운지
온 세상이 사랑입니다
　　　　　　　　　　—「신비한 세상」 전문

이 「신비한 세상」은 김 시인의 기독교시 가운데서는 그래도 가장 친근하게 다가오는 시편이라고 할 만하다. 또 그만큼 수월하게 읽히는 면도 있는 작품이라고 보겠다. 독자의 처지로서 보면 첫 번째 연聯 역시 쉽게 들어갈 수 있을 것 같다. "당신을 알기 전 세상과 / 당신을 안 후 세상 / 어찌 이리 달라질 수 있을까" 확실히 쉽게 읽히는 것 같다.

"나와 당신, 그리고 세상 / 돌멩이 하나도, 꽃 한 송이도 / 바람 불고, 비가 내려도 / 아무 관련 없다 여겨지던 모든 것들이" 당신을 안 뒤부터 달라 보이기 시작했다는 것이다. 또 그 모든 것들이 "당신 때문에 사랑스럽고 / 당신 때문에 새로워"져 보이기 시작했다는 것이다. 그것은 세상에 대한 "새롭게 열리는 신비"라고 스스로 진단하고 있기도 하다.

"달이 지구를 돌고 / 지구가 태양을 도는 것도 / 이제야 보입니다"라고도 했는데, 이것은 단순한 시각적인 면에서의 감각적 효과를 말하는 것이 아니라 자연과학적 원리에 대한 지식의 영역에까지도 새로이 눈이 뜨이기 시작했음을 말하는 것이어서, 당신을 안 뒤부터의 변화상이 광대무변의 영역으로 확대되고 있음을 말해 준다고 보겠다.

화자는 자신의 일상을 "당신을 중심에 두고 / 사랑하는 자가 사랑받는 이를 위하여 / 더 바삐 움직이게 하는" 그런 날들이라고 보았고, 또한 "그 속에서 숨 쉬는 하루하루 /

어찌 그리 아름다운지" 나날이 감격에 겨워 살다 보니까 곧 "온 세상이 사랑"이라고 그렇게 진하다 싶게 고백하고 있는 것이다. 그렇게 보면, 아마도 우리가 사는 이 지구는 바로 「신비한 세상」 그 자체가 되는 셈이다. 이처럼 피조물에 대한 예찬은 또한 조물주인 당신에 대한 예찬이라고도 하지 않을 수 없겠다.

> 짧게 머무르다 떠나는 꽃들아
> 아쉬워 말아라
> 한세상 누렸으면 족하지 않겠느냐
>
> 있는 듯 없는 듯
> 제철 건너 보이지 않게 되어도
> 풀잎 밑 제 한 몸 뉘어도
> 생육하고 번성했으면 된 것을
>
> 살면서 바람 한 장 거두지 못했어도
> 풀잎 하나 들추지 못했어도
> 어디, 그 어떤
> 영광으로도 비교할 수 있겠느냐
>
> 노란 꽃, 하얀 꽃, 검은 꽃
> 짧게 머물다 떠난 꽃들아

있는 곳 제자리에 있어만 주어도
스며든 세상 환하지 않았겠느냐
　　　―「짧게 머물다 떠난 꽃들에게」 전문

　자연 사랑 또는 자연 예찬의 경지가 작은 미물과도 같은 화초들에게 지극한 관심을 기울이는 형태로 나타나 있다. 김 시인은 그의 시 전반에 걸쳐 미물들에 대한 관심이 남다름을 보여 주고 있는데, 그중의 한 편으로 이렇게 사람들에게 별 관심을 받아 보지 못한 꽃들에게까지 기울이는 정성 어린 '관심 기울이기'로 이 시편은 크게 빛난다고 여겨진다.
　"짧게 머무르다 떠나는 꽃들아 / 아쉬워 말아라 / 한 세상 누렸으면 족하지 않겠느냐"라고 첫 연에서 위로의 마음을 전한다. 꽃들 중에서도 뭇사람들에게 전혀 관심조차 받지 못하는 것들이 있는데, 시인이 보기에 일면 안쓰러워 보이면서도 그러나 너는 너 나름의 생을 비록 짧은 기간만이라도 누렸으면 그게 조물주의 뜻인가 보다 여기고 그것으로 만족하라는 것이다.
　이런 식의 자연물 위무의 시편은 단지 보잘것없는 꽃들에게만 기울이는 사랑의 감정이라고 느껴지는 데 그치지 않고 이것의 경지가 무한대로 넓혀질(확대될) 수도 있겠다는 방향으로 읽힌다는 데 김 시인의 시의 특징적인 면이 있는 것으로 보인다. 이를테면 작은 꽃들을 빙자해서 그

영역을 인간세계로까지 확장시키는 방향으로 읽히기도 한다는 데 이 시의 묘미가 있다는 것이다.

"있는 듯 없는 듯 / 제철 건너 보이지 않게 되어도 / 풀잎 밑 제 한 몸 뉘어도 / 생육하고 번성했으면 된 것을"이라고 그것의 존재 이유를 조물주의 뜻대로 "생육하고 번성하라"(창 1:22)는 권유를 들어주고 실현한 것만으로도 감사하게 여김을 받을 수 있는 것이라고, 사물에 대한 존재 이유에 따른 판단을 근원적으로 수정하도록 만들어 놓고 있는 것이다. 존재 자체가 "그 어떤 / 영광으로도 비교할 수" 없는, 그 자체로 크게 영광스러운 결실이라고, 우리의 사고를 그런 방향으로 바로잡도록 만들어 놓고 있는 셈이다.

그렇게 여긴다면 어떤 판단까지 가능하겠는가? "노란 꽃, 하얀 꽃, 검은 꽃 / 짧게 머물다 떠난 꽃들아 / 있는 곳 제자리에 있어만 주어도 / 스며든 세상 환하지 않았겠느냐"란 질문(각성·인식)으로까지 이어질 수도 있으리란 것이다. 황인종 백인종 흑인종, 인종 편견에 시달리다 떠난 하나님의 자녀들이여, 궁색하게 있는 곳 제자리에 있어 준 것만으로도 그 의의 또한 환한 결실로 인용認容될 수 있으리라고 그들을 위무, 고무하고 있는 것이다.

  팔팔 끓는 가마솥
  국이 끓고 있다

배고프던 시절 그 게국지

주목받지 못한 것들 모였다
뻘밭을 기던 흔하디흔한 게
버려진 배추와 고추 나부랭이 시래기

버려진 밭에서
서로 어울려 우려내는 맛
저들도 한세상 넉넉히 건너지 않았겠느냐

<u>끄</u>트머리에 서거든
하늘을 볼 일이다

—「게국지」 전문

'게국지'란 말은 국립국어원의 표준국어대사전에도 등장하지 않는 말이다. 그래서 김 시인의 고장에서 쓰는 지역 방언쯤 되는 말이라고 생각하고, 그 뜻도 이 시편 속의 여러 정황으로 미루어 짐작하는 수밖에 없을 것 같다고 생각하고 다음 이야기를 이어 가 보려고 한다. (아무래도 이 게국지란 말은 '게'가 함께 버무려진 시래깃국 정도의 의미를 지니지 않을까 여겨지기는 하지만…….)

"팔팔 끓는 가마솥 / 국이 끓고 있다 / 배고프던 시절 그 게국지", 시인은 이 시의 첫머리에서 이렇게 운을 떼고 있다. 배고프던 시절 서민들에게 환영받았던 그 게국지를 시인은 지금 회상하고 있다. 그때 팔팔 끓는 가마솥에서 국이 끓고 있었으니, 그것은 갯벌에서 옆으로 기어다니는 게를 잡아다가 가마솥에 집어넣고 팔팔 끓여 내놓는 게국지였다고 했다.

"주목받지 못한 것들 모였다 / 뻘밭을 기던 흔하디흔한 게 / 버려진 배추와 고추 나부랭이 시래기". 그 게와 함께 가마솥에서 함께 버무려진 것들은, 전혀 사람들에게 주목받지 못한 잡동사니들, 곧 버려진 배추와 고추 나부랭이들로서, 그 시래기와 게가 함께 끓여서 내는 구수한 맛이 지금 생각해 봐도 일품이었다는 것이다. 주목받지 못한 것들이 다 모여 내는 구수한 맛, 그 맛을 어찌 잊을쏘냐?

"버려진 밭에서 / 서로 어울려 우려내는 맛 / 저들도 한세상 넉넉히 건너지 않았겠느냐". 그 버려진 밭에서 주워온 쓰레기 같은 시래기들이 게와 함께 어울려 내는 그 깊은 맛은 한세상을 살다 간 주목받지 못했던 서민들의 서러운 삶 바로 그것이 아니겠느냐고 시인은 은근하게 외친다. 그래서 "끄트머리에 서거든 / 하늘을 볼 일이다"라고 준엄하게 누군가를 훈계하는 것이다.

한세상을 살다간 서러운 서민들아, 하늘을 바라보라, 결코 공평한 하늘이 늘 끄트머리에 섰었다고 하여 너희들을 정말로 소외시켰겠느냐? 또, 한세상을 떵떵거리며 큰소리치고 살다 간, 그러나 위기 때면 언제나 앞장서 달아

나기에만 급급했던 소위 고관대작들아, 공명정대한 하늘이 너희들만을 사랑해서 너희들이 무슨 불로장생이라도 했었더란 말이냐? 이처럼 하늘의 목소리가 쩌렁쩌렁 울려오는 것만 같다.

    지우개는 공평하다

    흔적을 지울 때
    제 몸을 내어주면서
    대상을 닦는다

    적은 것은 적게
    많은 것은 많게
    서로를 보듬어 낸다

    살면서 무언가
    다시 시작하고 싶은 날
    백지 위에 놓인 너를 생각한다
                     —「지우개」 전문

    서양 에세이스트 알프레드 가드너는 「모자 철학」이란 에세이를 썼다. 김순규는 '지우개 철학'을 썼다고 나는 생각한다. 청천 김진섭이 「생활인의 철학」이란 수필을 썼는데,

그 말법에 따르면 김순규는 '지우개'란 이름의 '생활철학'을 썼다고 나는 여기고 싶다. 그만큼 그의 짧은 시에는 생활인으로서의 철학이 짙게 드리워져 있는 것 같다.

시인은 "지우개는 공평하다"고 돌올하게 선언한다. 얼른 생각해 보면 지우개는 지우개일 뿐인데, 지우개가 무슨 공평한 물건이고 말고 할 이유도 없을 터인데, 거기에다 가치 개념을 부여하여 '공평하다'고 선언한 것이다. 과연 그의 말대로 지우개는 공평한 것일까? 그런데 이 시는 어디까지나 예술품이기 때문에 이를 가지고 가치의 잣대를 들이대어 옳으니 그르니 논하는 것은 의미 없는 일일 수밖에 없겠다. 우리는 단지 시인의 안목으로 이(지우개)를 바라봤을 때 거기에서 무엇을 느끼고 배웠겠느냐, 이 점에 대해서만 이야기하면 되리라.

지우개는 "흔적을 지울 때 / 제 몸을 내어주면서 / 대상을 닦는다"고 하였다. 지우개는 무슨 흔적을 지워야 할 필요성이 있을 때 사용되는 물건이다. 우리가 자주 경험했던 대로 연필로 무엇인가를 쓰거나 그렸을 때 그게 고쳐져야 할 필요가 생기면 지우개를 찾아 그것들을 지웠다. 그런데 지우개의 지우는 능력은, 자기는 하나도 손상을 입지 않고 상대를 지우기만 하는 법은 없는 것 같다. 즉 "제 몸을 내어주면서 / 대상을 닦는다"는 것이다. 대상을 지울 수는 있지만 그만큼 자기 자신도 손상을 입어야만 상대를 지울 수 있다는 것이다. 그 점을 "제 몸을 내어주면서" 그렇게 한다고 표현했다.

"적은 것은 적게 / 많은 것은 많게 / 서로를 보듬어 낸다"고 하였다. 상대를 지워 낼 때 나(지우개) 자신이 손상을 입는 것도 거의 같은 비중일 때에라야 그 목적이 이루어진다는 이야기이다. 지워낼 게 10이라면 나도 그만한(10에 가까운) 정도의 손상을 입어야만 그 지워 내고 깨끗하게 원상 복귀하는 일이 가능하다는 표현이다. 그래서 "적은 것은 적게 / 많은 것은 많게"라고 정확한 수치상의 기록처럼 표현해 낸 것이다.

그러면서 마지막으로 이렇게 밝힌다. "살면서 무언가 / 다시 시작하고 싶은 날 / 백지 위에 놓인 너를 생각한다"고 하였다. 화자에게 있어 '백지 위에 놓인 너'는 바로 화자 자신(나)이다. 이때의 나는 지우개로서의 나이다. 살아가면서 무언가 다시 시작하고 싶다는 생각이 들 때에는 백지 위에 놓인 지우개를 생각지 않을 수 없다는 고백이다. 자신을 지우개처럼 내어주어야만 상대도 원상 복구에 응할 것이 분명한 이상 내 고집만, 내 처지만, 내 이익만을 내세울 수 없다는 것이다.

내가 주님과의 관계에서 불충한 무엇이 있었다고 한다면, 이때 나의 모든 것을 주님의 제단에 바쳐 버린다는 (-'제 몸을 내어주는') 희생 신앙을 회복하지 못하면 주님과의 사랑의 원상 회복이 어려워질 수도 있지 않겠는가.

김순규 시집

생각이 머문 곳에
마음꽃 피고

초판 발행일 2025년 11월 20일

지은이 김순규
펴낸이 임만호
펴낸곳 창조문예사
등 록 제16-2770호(2002. 7. 23)
주 소 서울특별시 강남구 압구정로 404, 2층 (우 : 06014)
전 화 02) 544-3468~9
F A X 02) 511-3920
E-mail holybooks@naver.com

책임편집 김종욱
디자인 이선애
제 작 임성암
관 리 양영주

ISBN 979-11-91797-85-5 03810
정 가 10,000원

※ 잘못된 책은 바꾸어 드립니다.